Landuuf, landaab

Willy Peter

Landuuf, landaab

Zwiegespräch in Versen

Gemsberg-Verlag Winterthur

Dieses Buch wurde von Walter Bühler illustriert;
die Gestaltung besorgte Hannes Ziegler

ISBN 3-85701-059-2

© Copyright 1978 by Gemsberg-Verlag Winterthur
Alle Rechte vorbehalten
Herstellung: Ziegler Druck- und Verlags-AG, Winterthur

Vorwort

Wie, Sie kennen mich noch nicht? Dann ist das allerdings Ihr Fehler! Haben Sie denn die ersten Zwiegespräche «Land und Lüüt» noch nicht gelesen? Ich an Ihrer Stelle würde das tun.
Wir sind unterdessen um viele gefreute und ein paar recht traurige Erlebnisse reicher geworden. Unser Bauernhof ärmer. Gesundheitliche Gründe haben uns zur Aufgabe der Tierhaltung gezwungen. Die jetzt noch verbesserte Technik ersetzt die verlorengegangene Lebendigkeit nicht. Wir haben uns daran zu gewöhnen. Erzwungene Umstellungen sind immer bitter. Sie sind besonders bitter, wenn sie ein behutsam herangewachsenes Vertrauensverhältnis zwischen Mensch und Tier zerstören. Wenn Sie uns fragen, wie es uns gehe, sagen wir «gut». Was nützt uns das Hadern mit diesem Rückschlag? Es versperrt uns bestenfalls den Weg zu neuem Tun. Wir sind gesund und haben die Kraft, eine Last auf die Schultern zu nehmen und zu tragen. Zuversichtlich. Vielleicht gar etwas reifer, lebenserfahrener.
Sind wir nicht alle ärmer geworden? Hat uns der Wohlstand, mit allen seinen angenehmen Seiten, im Grunde genommen nicht doch etwas betrogen? Sind wir zufriedener? Wahrhaftig, wir leben, technisch gesehen, doch um ein Vielfaches komfortabler als unsere so rückständigen und bemitleidenswerten Vorfahren. Doch bei aller Anerkennung der modernen Errungenschaften, wo ist nur die Ruhe, wo die Geborgenheit, wo die früher vertraute Nestwärme geblieben? Wir haben sie alle verscheucht.
Wir sind jetzt auf dem Weg, sie mit anerkennenswertem Eifer und grossem Aufwand wieder aus ihrem Versteck hervorzulocken. Wir versuchen die manchmal etwas leichtfertig und oberflächlich aufgetragene Tünke wieder abzukratzen, abzulaugen, das Ursprüngliche wieder zu suchen, weil wir spüren, dass viel Neues weniger Gehalt hat als manches Alte.

Dabei überrennen wir wieder die vernünftigen Grenzen. Nicht allem Vergangenen ist es, aus der Versenkung wieder ans Licht geholt, bei uns wohl. Einiges ist, um den mildernden Deckmantel der Vergangenheit beraubt, gar nicht so gut. Dem wirklich Guten ist es zu grell, zu laut, zu unruhig. Manches sehnt sich wieder in seinen ihm vertrauten Schlupfwinkel zurück.

Zum handwerklichen Ablaugen gehört eben unsererseits auch noch der Wandel des eigenen Denkens, das selbständige Überlegen. Der neue Hang zum Antiken bringt uns manchmal in komische Situationen.

Wie haben sich viele Generationen vor uns nach Licht gesehnt! Das technische Licht wurde uns in an Vollkommenheit grenzender Perfektion gebracht. Jetzt ist es uns zu hell. Nicht mehr behaglich. Was tun wir? Wir technisieren zurück. Wir schaffen die indirekte Beleuchtung, individuell einstellbar bis zum völligen Dunkel.

Die technische Wärme steht uns gleichermassen zur Verfügung. Wir frieren zwar nicht mehr, aber es wird uns nicht warm ums Herz. Viele haben geheizte Zimmer, sehnen sich aber nach dem den ganzen Körper durchrieselnden Gefühl des Wohlbehagens, das nur ein ganz gewöhnlicher heisser Chriesistäisack auszustrahlen vermag.

Wir haben die weitgehend errungene soziale Sicherheit, aber sie ersetzt, auch gesetzlich verankert, nicht das früher selbstverständlich ausgetauschte freundliche Wort mit dem unterdessen fremd gewordenen Nachbarn. Viele leben, mitten in der hektischen Betriebsamkeit – allein. Nicht aufgenommen oder zurückgezogen oder bewusst nur für sich. Äusserlich beeindruckend, aber innerlich arm. Grosszügig, aber nicht zufrieden. Ausgelassen, aber nicht froh. Nicht alles ist Schicksal, Fügung, Pech oder Glück. Wir modellieren mit. Unser eigenes Verhalten bestimmt einen grossen Teil unseres Daseins. Also, gestalten wir doch, bauen wir doch! Bewusst. So gefällt uns unser Leben. Wir sehen das Schöne. Wir hören das Gute. Und sind erstaunt. Erstaunt darüber, dass die nächste Umgebung einen viel höheren Stellenwert verdient, dass der Feldweg interessant bleibt, dass er uns, gerade weil er holperig ist, eine Fülle von Überraschungen schenkt, die uns in ihrer Art keine noch so vollendete Autobahn anbieten kann, dass uns das eigene Tigerli eine echte kameradschaftliche Beziehung zur Kreatur schafft, die uns kein noch so grosser Zoo zu brin-

gen vermag, dass das Kleine gross, das Grosse klein, das Teure billig, das Bescheidene wertvoll, das Laute flach, das Stille tief sein kann.
Wieviel Spielraum bleibt uns doch da zum eigenen Entfalten! Zum Nachdenken. Wir wollen es tun.
So sind diese Zwiegespräche gedacht. Ganz einfach. Dem Leben abgelauscht. Festgehalten als kleine Wegzeichen. Unauffällig, aber da. Sie wollen etwas Freude und Behutsamkeit, etwas Heiterkeit und Gehalt sichtbar machen. Sie laden uns ein, eine Weile stillzustehen, zurückzuschauen, zuzugeben, zu begreifen, um nachher wieder weiterzugehen, etwas weniger schwerfällig, etwas freier, offener. Schritt für Schritt.
Die gefreuten Zeichnungen meines Freundes Walter Bühler erleichtern uns diesen Weg. Ich danke ihm herzlich für seine kameradschaftliche Mitarbeit.

8479 Oberwil, 6. Dezember 1977

Zum Geleit

Wir leben in einer chaotischen Welt und in einer hektischen Zeit. Der Sinn für das Massvolle, das Kleine und das Menschliche ist uns etwas abhanden gekommen. Vor allem fehlt uns auch genügend Zeit und Musse zur Selbstbesinnung, zum Nachdenken.
Die Gedichte meines Freundes Willy Peter wollen uns aus der Hetze des Alltags herausreissen; einige davon machen uns fröhlich, andere traurig, wieder andere nachdenklich. Mögen recht viele aus diesen Gedichten Kraft, Freude und Zuversicht schöpfen!

ERNST BRUGGER, BUNDESRAT

Bern, im Dezember 1977

Erster Teil

Grüezi

Ich säge Grüezi, alne zäme
und chas iez äifach nid verchläme
öi z säge, wien Ir mich halt fröied,
das Ir als Puure nid nu höied

und schaffed, a der Schole chläbed,
näi, das Ir näbscht em Pruef au läbed
und trotz vil Müe und Moorggs und Soorge
na Fröid händ ame schööne Morge,

a Huus und Hoof und Tier und Chinde!
Wo cha men öpis Gfröiters finde
als bime Fäscht mit dëne Puure
wo d Zueversicht, und nid di stuure

und miise Chlöönereie pfläged,
wo ganz bewusst na tanke säged,
und gselig sind und gfröit und munter?
Näi, sonen Stand gaat gwüss nid under.

Lüüt, wo de Wääg na sälber sueched
und nid wäg jedem Spyse flueched
und s Gschier furtrüered, wild und hässig,
und äige wërded, müed und gspässig.

Mich fröied diene, wo sich weered
und d Hindernis ganz äifach cheered.
Ich wöischen i vil Fröid und Sune
und mags i ganz vo Hëërze gune.

Öisen Wääg

Leere luege,
wie der ander
zfride blybt und gsund und zwääg.

Leere lose,
was de Mitmänsch
öis wott mitgëë uf de Wääg.

Leere lauffe,
graad und wäidli,
hilft äim über mänge Haag.

Leere tanke,
tüüff und eerli,
für so mänge schööne Taag.

Züritüütsch

S säit chuum na öper Anke,
s säit niemer mee Binätsch,
s säit sälten äine tanke,
defüür macht alls en Lätsch.

D Guggummere sind gstorbe
und d Fadezäindli au.
Isch das e Mundart worde!
Statt läb wool säit me tschau,

statt Tüne säit me Wëie,
a Stell vo druus cho «in»,
me säit statt büetze nëie,
statt näi, es lyt nid drin,

hoi Tschëgg, statt grüezi Jakob,
a Stell vo Musik Hit,
de Tscharli tuet de Trank ob,
statt ordli zwääg, bisch fit.

Me säit hüt Girl, statt Mäitli
und Tween, statt junge Puurscht,
s träit sälten äin es Schäitli,
es isch nen ales Wuurscht.

Die Gschicht liess sich vermeere.
Es müesst nid sy, s isch schaad.
Mir stönd in alnen Eere
am Züritüütsch sym Grab.

Vil Uusdrück gönd verloore,
vil Import chunt derzue,
vil Schwyzer, chuum geboore,
scho teckets d Mundart zue.

S säit chuum na öper Anke,
s säit niemer me en Blätz,
ich mache mir Gedanke,
mich tunkt das äifach lätz.

S rägnet

S rägnet, s rägnet, s rägnet zue,
s rägnet immer na druf ue.
Alls isch nass und trüeb und schitter.
S Puursy wiirt iez langsam bitter.

D Pflanze, d Tier, de Mänsch, de Wy,
ali bruuchtid Suneschy,
Wëërmi, Liecht und trochni Füess!
Petrus, myni beschte Grüess:

Bsinn di doch, tue d Hääne zue,
hänk iez äntli d Sunen ue!
Tänk draa, ebd all Pletter fërbscht,
schänk is na en trochne Hërbscht.

Dänn vergässed mer de Summer
und mit im en Täil vom Chummer
won is s Wätter gmacht hät hüür.
Tänk an Puur, mit sire Schüür
wo scho graglet voll sett sy
Hör uf rägne! Gsees doch y,
Schick doch äntli Suneschy!

Singed!

Jung sy, isch es Privileeg
ganz eläi von Junge.
Wie händ ich und myn Koleeg
früener amigs gsunge!

Uf em Wääg, im Schyterschopf,
bim Mälchen und bim Mischte,
am Morge früe, us Hëërz und Chopf
und Zaabig i der Chischte.

Spööter sind dänn d Soorge choo
und di graue Höörli.
S Läbe hät äim hëre gnoo,
s isch iez luut und gföörli.

S Singe isch hüt läider raar,
d Musik lüüter worde.
S fëëlt mir, s Singe, gwüss, s isch waar.
De Männerchor isch gstoorbe.

Moll, ich singe mängsmal na
ame Suntigmorge,
halt so guet wien ichs na cha,
trotz em Huuffe Soorge.

Iir wo jung sind, händ na Pfuus
und e frischi Lunge.
Früener, ja, da hett ich druus
luut und hëërzli gsunge.

Öisen Brune

Wasser isch es Elemänt.
Zäme mit de Sune
hät en Mänsch, wo Beedes känt,
vil für s Läbe ggune.

Wänn en Maa, wo Wasser suecht,
oberflächlich pfudlet
und bim Wassersueche fluecht,
gseet er nie, wies sprudlet.

Wër Wasser suecht, mues tüüf und wyt
schuufle, bickle, grabe.
Wasser! Chömed! Lueged Lüüt!
Wasser! Chnündled abe –.

Stube ghäissts, wo s Wasser chunt
für de spööter Brune.
Zämeflüüsse tuets im Grund
ghäimnisvoll wyt une.

S Wasser chunt zum Boden uus,
spändet Chraft und Läbe
jedem Tier i Fäld und Huus,
alne Böim und Räbe.

Wän es Doorff käi Wasser hät
und en Hoof kän Brune,
isch de Sinn vom Doorff ewäg,
d Tüüfi isch entrune.

Drum gämmir i hüt dë Stäi
mit der tüüffe Rinne.
Nämed en im Stilne häi,
tüend i drüber bsine.

Fröied i. Und tüends au kund.
Tänked draa bim Tränke:
Bime Brune blybt me gsund!
Wër chan öis mee schänke?

Wil mir händ, was nötig isch,
Frücht, und Broot, und Anke,
wämmer, näbscht em teckte Tisch,
au für s Wasser tanke!

Umwältschutz*

De Vatter bi der Ysebaan
und d Mueter uf der Matte.
Der Ernschtli trinkt syn Schoppe waarm
und ganz eläi am Schatte.

Deet obe, undrem groosse Baum,
deet blinzlet er i d Sune,
deet tröimt er mänge schööne Traum –
und d Mueter magems gune.

Wie früe wachst doch e gsundi Chraft
i soneren Umgäbig,
wo spööter munter wyters schafft,
frei, ziilbewusst und läbig.

Drum lönd die Böim am Waldrand staa,
au wänns echli im Wääg sind –
na mängi Chind gedeied daa
wo spööter gsund und zwääg sind.

* Mym Fründ, em Bundesraat Ernscht Brugger

Gaschtfründschaft

Wän i rächt ghöört han, leerscht du iez araabisch.
Wän du dänn, gsund und zwääg, au wider daa bisch,
tëët dir e Pause guet. Und dire Frau,
wo vil eläigen isch, ganz sicher au.

Mir zäiged i rächt gërn, wo öisen Gwëërb isch,
wie s Puure mäischtens schöön, und mängsmaal
  schwëër isch,
das mir is weered, was mer chönd, au z tue,
was s ales bruucht zum Puur sy. Und derzue

en Blick zun Chüe, zur Laubi und zur Bella,
deet gspüürsch, min Fründ, wie me im Stall mues
  Gfell haa,
dass näbscht em Chöne und em Tüchtigsy
au mues vil Zueversicht und Glaube sy.

En Gang dur s Fäld, vo Hand und ganz per peedes,
ooni de püürlich legendëër Merceedes.
Es leere käne, wie de Puur hüt schafft,
wien im de Bode hilft mit sire Chraft.

Dass s Tüüffi isch, wo säit wie der Ertraag isch
und s fescht druff aachunt, wie de morndrig Taag isch,
wies underschidlich isch vo fëërn zu hüür,
wie d Puure planged uf e volni Schüür,

und wänn sie voll isch, au a ander tänked
und gëërn au dir en schöönen Aabig schänked,
wil grad au du wäg öis eso vil muesch
und ebe, tanke vilmaal, würkli tuesch.

Iez lyts a dir und dire Frau, de Lori,
dass grad us dëre liecht verträimte Story
e waari Gschicht git, vole Fröid und Ghalt
und z letscht en Zaabig, wo de Puur öi zalt.

S Gwicht

Jedes hät e Lascht zum Trääge.
Jedes träit si, wies im lyt,
chunt eso uf syne Wääge
fürsi, oder ebe niid.

Mängsmal mäint me d Wält göng under,
wäns echli dezwäris lauft,
mänge hett sin ganze Plunder,
wänn er chönt, scho lang verchauft.

Nachhër stiend er ganz verläge,
blutt und liecht, mit lëërem Gsicht.
Mängsmal bringed d Soorge Säge:
Jedes Läbe bruucht es Gwicht!

Käine chan zur Huut uusschlüüffe.
Jede blybt das, won er isch
und chas mängsmal nid begryffe,
das der Ander anderscht isch.

Doch, au ich bi für der Ander
anderscht als er mich gëërn hett.
Und so tänked mir sälbander
immer nu für öis: Dëë sett!

Fanged mir doch aa yränke!
Hüt, moorn isches vilicht z spaat.
Nu wänn bäid eso chönd tänke
gspüüred mer uf äimal: S gaat!

Tänk a d Mueter

Lauf graaduuf,
hät amig d Mueter
zue mer gsäit als chlyne Bueb.
Pucke chasch di spööter sicher
gwüss na vil, na mee als gnueg.

Lueg duruuf,
hät öisi Mueter
öis als Chinden immer gsäit.
Öpper wo nid obsi lueget,
wäiss im Läben ekäi Bschäid.

Lauf graaduus,
hät mängsmal d Mueter
öis na naagrüeft uf de Wääg.
Uf em graade Wääg blybsch sicher
gäischtig eender gsund und zwääg.

Blyb nid staa,
suscht chunsch nid fürsi,
hät öis d Mueter öppe grüeft.
Laufed zue! Wien iir daa laufed,
wird ganz sicher spööter prüeft.

Lupfed d Bäi,
häts ewig ghäisse,
schläiked d Absätz nid so naa!
Wër als chly nid rächt leert lauffe,
chan als grooss nid hërestaa.

Hebed Soorg
zu öiem Tänke!
Soo häts töönt i öisem Huus.
Wër uf chrumme Wääg und Ränke
fürsi wott, dë chunt nid druus.

Und wäns stürmt
und windet dusse?
Blybed nid dihäim, ir Chind!
Zueversicht und Fröid und Glaube
wachsed nu i Sturm und Wind.

Stampfed fescht
mit beedne Füesse
uf de Bode, das tuet guet.
Wän ers schwër händ, hebed dure!
Jede Kampf git Chraft und Muet.

Was is d Mueter
früener gleert hät,
säit is spööter s Läben au.
Mänge puckt sich fescht bim Lauffe,
wils en zämetruckt, und au

wil im d Mueter
doo als Chlyne
e kän Halt hät chöne gëë.
Wo wott dänn eso en Chnoorzi
spööter sini Chraft hëërnëë?

Wäns äim schüttlet
mues me wüsse,
was me cha, und mues es tue.
Und wäns chlopfet? Gönd go luege,
schlönd nie äim e Türe zue!

Mängsmal simmer
ganz eläige,
i dëm Kampf gäg Sturm und Wind.
Und käin Mänsch chan is dänn zäige,
wo mer stönd und wo mer sind.

Tänk doch dänn
a dini Mueter.
Lauf graaduuf! S isch hüt na s Bescht.
Und din Wääg gaat wider wyters,
polzgraaduus und gfröit und fescht.

Trääg di Lascht.
Und wird din Rugge
dur das Pucke chrumm und styff,
lueg duruuf! Dur sone Haltig
wirsch du sälber graad und ryff.

Usse chrumm
und ine munter,
gäischtig gsund und klaar und zwääg,
gaat doch mängi tapfri Mueter
öis voruus uf öisem Wääg.

Das isch daas,
wo mir begryffed
vo der Mueter irem Gschänk,
wër die Chraft hät wie si Mueter
gspüürt im Hindergrund zwoo Händ.

Hebed zäme!
Mached wyters.
D Sune schynt, iez lueged ue.
Stönd nid still, wänns blitzt und chuutet.
Lauffed fürsi. Gryffed zue!

D Chile

Groossi Chile – lëëri Bänk.
Müüslistile. S isch käis Gschänk
Pfarer sy a dërig Oort.
Sälten äin suecht Gottes Woort.
Bruucht gwüss käine nöie Muet?
Gaats is alne würkli z guet?

Ich faaren Auto, au min Soon.
Mir händ käi Gält für d Missioon!
Und käi voorigs Woort für d Sammler –
s sind ja mäischtens doch nu Gammler.
Au de groos Entwickligsfond
gspüürt kän Rappe vo mim Loo!

Me wäisses ja, dass s nüüt ufboued
und öises Gält privaat versoued!
Für d Winterhülf und s rooti Chrüüz
hät öises Huus käi voorig Stütz.
Näi – de Tochter iren Wage
lyt is suscht gnueg uf em Mage!

Mir langets a der Chilestüür.
Scho die isch öpe drüümaal z tüür.
Mir proteschtiered gäg d Koläkte!
D Chile sind für d Architäkte,
d Schelme, d Pfärer, alti Lüüt.
Öis nützt sone Chile nüüt!

Gëëbt ächt s Tanke, statt em Flueche
nid mee Ghalt? Und s Chilebsueche?
Isch d Wält ooni Gottvertroue
nid es bitzli schrëëg uufpoue?
Öppis tunkt mi äifach lätz:
Groossi Chile – lëëri Plätz.

Der Acker läbt

Ich wäsche d Händ,
ich wott go Zackerfaare,
es Fäld, wo scho min Vater pflanzet hät,

wo mir iez wänd,
nach mänge stränge Jaare
em Soon gëë, wo als Puur druf wyters läbt.

De Mäntsch vergaat.
Der Acker dë cha blybe
und diene, gänerazioonelang.

Es isch scho spaat.
De Hërrgott isch am Siibe.
Ich stiirbe – doch min Acker läbt na lang.

Drum wäsch i d Händ
bevor i zackerfaare.
Us Eerfurcht vor em Bode syre Chraft.

Und wämmer wänd,
bringt öis e jedi Aare
die Läbeswyshäit: Wër nu chrüücht und schafft

und nid au s Gmüet,
und d Liebi sälber pflanzet,
dë stiirbt scho läbig, ooni tüüffe Ghalt.

Sin Taag verblüet,
Und d Tröim, wo vor im tanzed,
verschrecked in ufs Maal. Er früürt, s isch chalt.

Ich wäsche d Händ.
S letscht Maal, bevor i gaane –
und luege zrugg. Und ales isch verby.

Im nöie Gländ.
da gits käis Zackerfaare.
Doch d Händ sind suuber. Tanke! Das wëërs gsy –

Fröid

Fröid isch öppis, wo me nid chan chauffe:
Da chasch d Füess bis zu de Chnüü ablauffe,
Fröid blybt öppis, wo me nie chan chauffe.

Fröi di doch! Du muesch nu sälber wele
und nid immer tänke: hettsch halt sele.
Fröid isch öppis, wome nie chan bschtele.

Fröid isch öppis, wo t muesch sälber haa.
Wänn t si häsch, dänn muesch di fröie draa
und si nid so liecht zun Händ uuslaa.

Häsch du Fröid, dänn lass de Nachber gspüüre,
dänn töörff niemert um dich ume früüre.
Mit der Fröid chasch dini Zuekunft stüüre.

Fröid isch äini vo de raare Sache,
wo t demit na mee chasch glückli mache.
Wänns der glingt, häsch Grund zum hëërzli lache.

Fröid lyt nid äifach sälbverständli um is ume.
Fröid wiirt nu langsam, und vo ine, gspune.
Ich fröie mi – und mag au öi d Fröid gune!

Kamerade

Ich fröie miich:
Min Mäischter hät mi bhalte!
Und ër fröit siich:
Ich chratze nid bim Schalte.

Bim Gang ie tue
weck ich ekäi Umgäbig
dur s lärmig Tue,
näi, mys Getriib isch läbig

und s Hëërz isch warm
und d Auge lueged offe.
Käin Puur wird arm
dur mich. Ich sälber hoffe

dur kän Traktoor
uf d Syte gschüürget z wëërde.
Und setti vor
mir na myn Mäischter stëërbe,

ich blybti staa
und miegti nüme frässe,
und luegt em naa –
und chönt en nie vergässe.

D Hobbygäärtner

Wër im Gaarte Blueme pflanzet
oder Chabis und Binätsch,
isch au deet gëërn, wo me tanzet,
froogemuet, und ooni Lätsch.

Ali wo gëërn Grüezi säged,
zfride sind mit Frau und Chind,
sind gwüss Lüüt, wo Gäärte pfläged,
vole Fröid – nid nu so gschwind.

Wër im Läbe gleert hät waarte,
hëre staa, und öppis tue,
pflägt dihäime gwüss en Gaarte
won em d Stilli bringt und d Rue.

Gaartebou, als Hobby trybe,
macht äim gäischtig gsund und zwääg.
Isch äim na es Ränzli plybe:
S Gaartejäte bringts ewääg.

Drum, ir guete Lüüt, stönd zäme!
Pflanzed, hacked, läsed uuf,
nämed d Frücht und d Blueme zäme
und wäns Hërbscht wird – höred uuf.

D Fröid würkt wyters, au im Winter,
wänn de Gaarte dusse früürt.
Mänge hät dur das vil gschwinder
syni äigni Ryffi gspüürt.

Häsch Du ekän äigne Gaarte
wo t chasch läbe, anonüm?
Mach doch öppis, statt nu waarte:
Fröi Di doch am Nachber sym.

Nöijaar

Vo mir uus chan s nöi Jaar iez choo,
ich wett em Grüezi säge;
ich han vom Alte s Gueti gnoo
und bhalte. S chunt mer gläge,

vo Aafang a im Hindergrund
e chli en Voorraat z wüsse.
Me blybt esoo vil eener gsund.
Das settid alli wüsse.

Probiered mer doch wyters z gaa,
wie doozmaal: unbelaschtet!
Wottsch öppis Gfröits vom Läbe haa,
mach nid alls überhaschtet.

Tänk draa: Wie churz isch öisi Zyt,
wie uryff, chuum rächt bache!
Und jede Lätsch, wo ds Jaar duur schniitsch,
verschüücht es hëërzhafts Lache!

Mir läbed gsund, als Stand, wo schafft.
Mir stönd uf beedne Füesse.
Mir wänd s nöi Jaar, mit sire Chraft,
mit Zueversicht begrüesse.

E nöis Chalb

De Gregor isch als Chalb geboore,
grad iez, pflätschnass, mit chüelen Oore.
Sis pelzig Gwändli, warm und gfläcket
wird vo der Mueter suuber gschläcket.
Dänn gheit men in en Huuffe Strau –
und säit bis morn em Morge: Tschau!

Mir isch als Mäntsch so vil vergraate
nu wil ich nid han möge gwaarte.
Mich ërgerets, mich plaaget s Gwüsse:
Hett ichs nid früner sele wüsse?
Ich wett, ich chönti mängsmaal au
de Chopf vergrabe, tüüff im Strau.

Doch ebe, nütze wuurds nu wënig:
De Hërgott wott ekäi ësenig,
ër hät die gëërn, wo sich fescht weered
und d Wält, wäns sy mues, äifach cheered.
Iez wäiss is zmaal. Mir woolets au
ganz ooni Pelz und ooni Strau.

Ich bin es Huen

Wër gaggeret, dä isch es Huen.
warum ich eso gspässig tuen?
Ich leg öi hüt e Woret blooss:
Wër wyeret, dëë isch es Ross,

wër meckeret, dëë isch e Gäiss,
wo mäischtens ales besser wäiss,
wër bälet, dëë isch gwüss en Hund,
wër reklamiert, würkt sälber gsund.

Wër gagger-, wyer-, meckeret,
wër bälet, fluechet, scheckeret,
dä isch en Mänsch mit sym Verstand,
wo wichtig tuet. Und tänkt vo Hand,

mit grossem Muul und wenig Grütz,
mit bräitem Wage, vilne Stütz.
Und wänn ers pruucht hät – isch er stier!
Wie vil, vil besser hänts mir Tier:

Mir tänked au! Doch – choge dumm –
mir sägeds nid, mir blybed stumm.
Drum würked mir so guet und gschyd.
Iez isch doch d Löösig nüme wyt:

Die Regle gilt doch au für d Lüüt:
Wänt nid rächt druus chunsch, säg doch nüüt.

Mir Hüener

Ja, früener hani amigs na
fescht gschoret vor em Huus,
wänn d Mäischtersfrau grüeft hät zum Maa:
«Niemsch Du schnäll d Eier uus?»

Isch das es hërrlichs Läbe gsy,
voll Taatedrang und Fride.
Hüt isch das läider alls verby:
De Gältsack hät entschide.

Iez hät de Mäischter au umgstelt
uf d Legebatterii.
Er hät gschwind ali Hüener zelt
und gsäit: «Mir speerets y!»

«Vu iez aa wëërdets intensiv
und rücksichtloser ghalte.
Di Junge läbed kollektiv,
verschwinde müend di Alte.»

Mich häts na zu de Junge präicht,
wil ich so stramm marschiere,
deby chönds mich, wër hett das tänkt?
im Früelig kumfermiere.

Die Batterii die gfalt mir niid,
käi Platz und ekäi Stange!
En Traatgflächtbode, schrëëg und wyt –
wien ich ufs Stëërbe plange!

Mir stönd von äim ufs ander Bäi,
mir frässed mit Schiggaane,
doch mag die Tächnik, bhüetis näi,
halt nie a d Freiheit ane.

I äim galvanisierte Täil,
solid und rostfrei poue,
de Platz so chly – und d Wänd so stäil,
händ ali Hüener gschroue:

«De Franz isch öisen Güggel gsy,
ër isch fascht all Taag bin is gsy –
oo, isch de Franz en Liebe gsy –
em Morgen isch er gmetzget gsy –.

Männerryge

Oberturner sy – en Schläck?
Me chunt mit dëne nid vom Fläck!
Der äint isch z alt, der ander z ruuch,
de Dritt, dë hät en z ticke Buuch,
de Vierti chlöönet wäg em Pfuus:
Ja, Oberturner isch en Gruus!

Und doch – die Choge sind na zwääg,
zum fit sy schlychets jede Wääg:
Der äint isst Chnobli, äine Lauch,
und äin verzichtet uf de Rauch.
All strotzed schier vo Vitamiin,
für d Tööpe nämets Glyzeriin.

Und turne tüends! Drei Viertelstund!
Näi, iri Fraue händ käi Grund
zum Chlööne: «Öis lönds äifach staa.»
Zum Zmorge sinds ja immer daa!
Nu ässeds nüüt und hocked still,
si händ vom Entrecôte na zvil!

Gly schlychets ab dur Gang und Fluur.
Mir schetzed iri stramm Figuur
und fröied is an irem Schnäid.
E Männerrygen isch bim Äid
für ali, Vatter, Änkel, Soon,
e gfröiti Instituzioon.

Drum turned vil in öisem Land!
Drum turned ali mitenand!
Wër turnet, chunt nid uf de Hund.
Wër turnet, blybt lang zwääg und gsund.
Tank öisem Turne simmer fit.
Bim Turne gits Kontakt und Kitt.

Mir stönd derzue, mir sind nid z schüüch:
Mir turned nid nu wäg de Büüch,
mir turned wäg der AHV!
Guet Nacht, Koleege. Gruess a d Frau!
Mir gnüüssed öises Turnerbluet,
dänn öis tuet s Turnen äifach guet!

Sumerzyt

De Wecker schälet! Sumerzyt!
Sid hüt am Morgen isch s so wyt.
Wër d Uur nid vorstellt, chunt hüt z spaat,
gaat under im Vercheerssalaat.

E gstolni Stund holsch nümen y.
Nimm daas zur Käntnis, schick di dry.
Näi, schimpf doch nid. Chumm stell dyn Maa,
fang äifach e Stund früener aa.

Im Stall isch tunkel. S tunkt äim schier,
d Chüe tröimid na vom Hoochsigsstier.
De Muni gäinet. D Rindli au.
Si cheered sich namaal im Strau.

Und d Chalber speered d Augen uuf:
«Wiesoo isch au de Puur scho uuf?
Isch dëë verieret? Oder näi,
chunt ër ächt erscht um die Zyt häi?»

Im Stall voll Söie näbed zue,
deet streckets gschwind de Rüssel ue.
Dänn schlaaffets wyters, d Söi und d Chüe:
«Näi Mäischter, hüt bisch du na z früe!»

De Güggel macht en müede Latz:
«Isch dänn myn Morgeruef für d Chatz?
S isch alls scho wach! Das isch doch nüüt,
ich wecke susch doch s Dorf und d Lüüt!»

Es stimmt hüt äifach öppis niid.
Zum Tüüfel mit der Sumerzyt!
En guete Raat: «Ich glaub, s wëër s Bescht,
mir giengtid all namaal is Nescht!»

Fröid a de Chind

Zwölf Schue und zwäi Pantöffeli,
sächs Gablen und es Löffeli,
sächs Müüler und en chlyne Latz,
sächs Gwäggen und en junge Spatz,

im Gaarte Gmües und Lilie
git zämen e Familie,
wo hëre staat, sich weert und sträbt
und statt nu vegetiert – au läbt!

Us Angscht und Müe und Soorg ums Gält
gits äifach e käi häili Wält.
Es bruucht na Müetere. Und Chind,
wo mäischtens ja vom Vater sind.

Wie läbt me gsund und gfröit und frei
zmitzt i dëm Ggöiss und Chindegschrei.
Si bringed Appetiit und Schwung:
Mit Chinde blybt me zwääg und jung.

Mir baded

Mir händ halt käi ghäizts Halebaad.
Mir baded i der Gelte.
Vilicht tunkt öi das ali schaad,
scho wägem sich verchelte.

Käi Angscht, ir Lüüt, wäns chelter wird
gaats öis doch gar nid übel.
Mys Mueti bringt, bevor äis früürt,
häiss Wasser ime Chübel.

Es Sprungbrätt? Näi das gits doch nid
i some chlyne Zuber.
Mir schwümed ja au gar nid wyt,
mir wäsched is nu suuber.

Isch das nid d Hauptsach vome Baad,
das Göötschen a der Sune?
Und s Mueti tröchnet is dänn ab
und mags is hëërzli gune.

Füfzg Jaar Traktoritis

Es Stüürrad statt es Läitsäil,
vier Redli statt vier Huef,
s Signeet am nöie Chüeler:
Git das en nöie Pruef?

Näi, s sind nu nöii Fuerme,
Fanatiker sinds schier,
si schwööred fescht uf d Tächnik
und schaffed ooni Tier.

Si trülled am Hebel:
Es suret! Das isch alls,
si tätschled iez es Schutzbläch,
statt eme Ross syn Hals.

Si spueled über d Aecker
und mached tüüffi Gläis,
im Winter gfrüürt de Chüeler,
im Sumer wird er häiss.

Si suuffed Moscht wie d Löcher
und stinked nach Petrool,
de Jung truckt uf de Chnebel,
em Vatter ischs nid wool.

De Chare bruucht zum Cheere
vil Zyt, und au vil Platz.
S Nöi mues men ales leere
und s Alti isch für d Chatz.

Das isch in erschte Jaare,
s tuet mängem Vatter wee,
wänn ër bim Zackerfaare
käi Rossgspann mee cha gsee.

Und d Mueter faart dur d Mëëne
vom Ross, mit irer Hand –.
Si händ bim Wächsle Trëëne,
s tunkts truurig uf em Land.

De Tierersatz machts hässig.
Si gspüüred: mir sind alt.
Es wiirt ene so gspässig,
es tunkts uf äimaal chalt.

Sid doo isch d Tächnik stürmisch
und wältbewegend gsy.
Wër hüt im Fach nid «in» isch
chunt trooschtloos hinedry.

Hüt macht men alls hüdraulisch
und faart mit vil Sünchroon.
Und wänn de Vatter taub isch –
ersetzt men dur de Soon.

Me laat sich tächnisch bilde
und flickt und schwäisst eläi,
faart bständig wien en Wilde
ufs Fäld und wider häi.

Me rysst bim Start en Schwarze
und stoppet s äinzel Raad,
vercharet ali Chatze,
wäns nu rächt rassig gaat!

De Vatter sträichlet d Zügel –
die sind iez scho antik.
De Jung montiert en Bügel
zum Schutz vo Chopf und Gnick.

Reklaamen uf de Lybli
und Wërbig uf de Hüet.
D Traktooremaarggewybli
sind Mäitli ooni Gmüet.

Si trääged z chuurzi Bluuse
und chogen ängi Schlüüch
de Faarer tänkt as Pfuuse
würkt frächer, nüme schüüch.

Statt Muskle händs Frisuure
und uf em Schutzbläch Sex,
und fascht käi Zyt zum Puure,
und d Chind händ dänn Komplex.

Zum Chare ghöört d Maschine,
en Pflueg mit sächzä Schaar,
d Pnömaatik vorne, hine,
und d Rächnig ändi Jaar.

En Tüp mit nu sächzg Rosse
bringt d Chraft nid ufs Parggett,
me faart hüt mit Kolosse
und stäigeret um d Wett!

Mir gspüüred: seriööser
isch s Läbe sicher niid.
S sind all nu vil nervööser
und händ für nüüt de Zyt.

Nu, trotz dëm Fraagezäiche,
chömmir ja nüme zrugg.
Drum steled mir iez d Wäiche
und boued is e Brugg

vom Nöie zum Antike,
mit zämegspanntem Schwung:
Wër boue chan und flicke
blybt sälber lënger jung.

Hock öppe still

Wër aliwyl ränt
hät chuum Zyt zum Tänke,
wër immer nu nimmt,
chan nie öppis schänke.

Er chratzet und günt
sys Läbe lang zäme,
und wän sin Sack rünt,
isch ales vergäbe.

Drum hock öppe still
und mach der Gedanke,
Du häsch ja scho vil,
drum säg öppe tanke!

Es hät doch käi Sinn
s ganz Läbe lang chrampfe
und nu wägem Gwünn
der Ander verstampfe.

Dëë näbet Dir zue
hät au Fröid am Läbe,
wett au echli ue
uf synere Stäge.

Wër anderne glych
vil, wie sich sälber mag gune,
gwünt sicher für sich
z letscht en Platz a der Sune.

Füegig

De Otti hät en Ströiblätz gmäit,
do ghöört er, das es Chindli chräit,
rüert d Sägis furt und gaat zum Chind.
Und s Chindli gspüürts und lachet gschwind.

D Fröid hät em Otti d Auge gnetzt.
Dänn hät ër sini Sägis gwetzt
und nachhër wider wyters gmäit.
Er wäiss, er hät Vertroue gsäit.

Vertroue, wo so sälten isch
und doch für ali wichtig isch.

Er hät die Ströi na mängsmaal gmäit,
doch nie me hät säb Chindli gchräit.
Hüt sitzts am Tisch, bim Otti zue,
und lueget zfriden an en ue.

Hett doozmaal e käis Chindli gchräit
und niemer di säb Ströii gmäit,
sëëss käis von öis am Hoochsigstisch!
Mir gseend, wies mängsmaal gspässig isch:

Mir mäined öppe, s göng is schlächt,
deby mäints s Schicksaal mit is rächt.
Es laat is äifach mängsmaal staa.
Esoo gits usem Bueb – en Maa.

De Otti hät käi Ströi me gmäit,
defüür en Huuffe Rase gsäit
bim Huus am schööne Zürisee.
Er graatet sicher, wëërdets gsee.

Ich hoffe, wänn ër s nächscht Jaar mäit,
das dänn im Huus es Chindli chräit,
vor Fröid und Gsundhäit chrüüzfideel:
e jungi, klaari Mänscheseel.

Für d Eltere und öis en Gwünn:
S hät jedi Aarbet doch en Sinn!

Dys Schuelhuus

Ich staa sid hundert Jaare daa
und läbe nu für d Chind.
Scho vil devoo händ müese gaa.
Es Läbe lauft – so gschwind.

Ich fröie mi halt jedes Jaar
am eerschte Schueltaag fescht
und plange wien es Chind, s isch waar,
uf mini nöie Gescht.

D Chind sälber lueged mi chuum aa.
Das tuet mer mängsmaal wee.
Doch stönds nach vilne Jaar zmaal daa
und wänd mi wider gsee.

Dänn woolets mer im Fundamänt!
Ich wett, ich hetti Bäi!
Dänn giengt i gërn für en Momänt
zu mine Chunde häi,

go luege wies ne eso gaat,
privaat und au im Pruef,
und fröit i mi, au na so spaat,
an irem guete Ruef.

Und mängi säitid: «Bis willkumm,
mis Schuelhuus! Dörf i ie?
Ja, ooni Schuel lief viles chrumm.
Näi, ich vergiss ders nie.»

Dänn stiend i, das isch für mich klaar,
deet undrem Chilerank
voll Zuevorsicht! Na mängi Jaar.
Blyb gsund und zwääg. Heb Dank!

Ich wüsst i Zuekunft, wër mich trait.
Du käntisch mys Rezäpt
und wüsstisch, im Vertroue gsäit,
das au es Schuelhuus läbt.

D Familie Wyland

Im Wyland känt men enand guet.
Me säit gern «Grüezi», lupft de Huet
und frööget gly: «Wie gaats der au?
Bisch immer zwääg? Und waas macht d Frau?

Wie gaats der prueflich? Häsch en Hund?
Und d Chind? Sind immer ali gsund?
Dänn lueget men is Nachberhuus.
Jää moll, im Wyland chunt me druus.

All Gmäindrööt sind iez wider gwelt,
und regischtriert und grupft und zelt.
Wottsch öppis wüsse, jää bim Aeid,
si weered si und wüssed Bschäid!

Si wüssed, wie de Chare staat,
si büüged öppen öppis graad.
Au sii lueged is Nachberhuus:
ja öisi Gmäindrööt chömed druus!

Säit äine, was me nid gern ghöört,
dänn säit ers nu, wils in halt stöört.
De Nachber wäiss, er mäints nid schlächt,
und ganz es bitzli hät er rächt.

Hät öpper Müe, dänn hilft me gërn.
Me wäiss es na vil z guet sid fërn,
wien er äim ghulfe – ooni Loo
und ooni Mure – äifach soo.

Me gspüürt: Im Wyland gaats äim guet.
Me passet uuf. Wer öppis tuet,
bringts langsam uf en grüene Zwyg.
Und läbt dernaa. Er macht käi Byg.

Eso sells Läben ebe sy:
Daa s zümpftig Schaffe – deet de Wy.
Und gits im Wyland Gescht is Huus –
dänn chunt men au grad deet na druus:

Me ghäissts willkumm! Und schüttlet d Händ
und nimmt au aa, dass s öppis gänd!
Me pflägt im Wyland d Gaschtfründschaft,
stoosst aa – und fröit sich über d Chraft

vom ächte gsunde Wylandgäischt!
Soo, Surimutz – gryff zue! Iez wäisch,
dass jede Taag au Gfröits mitbringt!
Und wër das wäiss, dë schafft und singt.

Öisi Wylandschuel

Es Wyland ooni LSW*?
Wie stiends au daa? Me chönts nid gsee!
E Wüeschti wëërs, voll Töörn und Gstrüüch.
Und d Lüüt, wo läbtid? Wüescht und schüüch.

Und d Ross und d Chüe und d Schööf und d Söi?
Si frëëstid nüüt als alti Ströi.
Käis Blüemli a der Fäischterfront,
käi Zueversicht am Horizont.

Drum fröit is, was mer hüt chönd gsee
dank öisre gsunde LSW.
Mach iez im Wyland d Augen uuf!
Was gseesch bin öis landaab, landuuf?

Vom ganze Land schier s fruchtbaarscht Stuck,
und d Dörfer vole Bluemeschmuck,
d Kulture schöön und gfröit und gsund,
und d Tier, wo wäided? Chugelrund!

Verwönt und gchrüüzt sind d Chüe und d Söi,
si wänd nu na Belüftigshöi.
Aroma-Fueter. Jedes Viich
frisst vitamiin- und nëërstoffrych.

Und d Puure schaffed überläit,
händ s Chönen offe hëre gläit.
Und d Püürin wërchet gfröit und gschwind,
pflägt sich, de Maa und s Huus und d Chind.

Das ales chönt me hüt nid gsee,
im Wyland ooni LSW.
Doch hät de Fortschritt nid nu Pluss:
S git Soorge mit em Überfluss.

---

* Kantonale Land- und Hauswirtschaftliche Schule Weinland

D Chüe trääged ooni d Muni z gsee:
De Tokter chunt – scho isch es gschee!
Es Ross am Pflueg? D Lüüt zwyflet schier:
«Was isch säb für e gspässigs Tier?»

S git sovil Nöis, wo nöi scho hinkt,
me isch sich gwönt, dass rüücht und stinkt
und chlöpft und choscht! Und d Existänz
isch gwagglig wäg der Konkurränz.

Grad drum fallt s Wüsse fescht is Gwicht:
Im Chöne wuurzlet Zueversicht!
«Chumm LSW, mir gänd is d Hand,
d Schwyz bruucht en gsunde Puurestand.»

Grundstäilegig am Strickhoof*

Der alti Strickhoof isch im Wääg.
De Plaaner isch am Stryche.
Was wëërschaft bliben isch und zwääg
mues iez am Nöie wyche.

En nöie Strickhoof sell entstaa.
Drum müemer öis hüt rode.
Mir leged daa, won ich iez staa
de Grundstäi tüüf in Bode.

En Grundstäi isch en eerschte Stäi
wo gsetzt wiirt mit em Wile
er blybi nid lang ganz eläi
und nützi spööter stile

als Fundamänt vom ganze Huus,
voll Zueversicht und Säge.
Er hofft, de Bouhërr chömi druus
und boui druff e Stäge

vom Land zur Stadt. Duruus. Durhäi.
Vom Produzänt zum Stedter.
Mer reded immer na von Stäi.
Das isch es gnau, das wett er.

Esoo hät ër als Stäi en Sinn.
Mir ziend i dëre Richtig!
Mir glaubed fescht, für öis und in
isch daas di grooss Verpflichtig:

Mir wänd probiere zämestaa,
zum Glück und Wool vom Nöie.
Esoo chöm mir is, Frau und Maa,
am Nöibou hërzli fröie.

Drum Mane, boued Stäi uf Stäi
zu Stütze, Wänd und Muure.
Und wänner fërtig sind, gönd häi
und bhalted d Fröid am Puure.

* Verlegung der Landwirtschaftlichen Schule nach Lindau
  (Überbauung des Areals mit der Universität Zürich)

Em nöie Strickhoof*

Scho d Taatsach, das en Bundesraat
am Fäscht isch, git em Taag Formaat.
Mir tanked Ine, Irer Frau
und Irne sächs Koleegen au.

Mir wüsseds scho, Si händ en Chrampf
und kämpfed mänge schwëëre Kampf.
E Schwyz regieren isch kän Schläck.
Doch *Sii* händ s Hëërz am rächte Fläck.

De Strickhoof isch in öisem Land
en Mittelpunkt vom Puurestand.
Deet won ër gsy isch – fallts äim schwëër,
öis tunkts trotz Hoochschuel äifach lëër.

Mir wüsseds, s isch scho fascht passiert,
s wird komfortaabel asfaltiert
und überboue Huus a Huus.
Vil Zürcher chömed chuum na druus.

De Strickhoof isch en Insle gsy.
Hüt isch das läider alls verby.
Vil Chöpf studiered. Alerhand.
Nu, was kabut isch, das isch s Land,

mit sire Chraft und vil Kultuur,
nid gleerti, äifach ganz natuur.
De Ackerbode? Was äim stöört
isch daas, das ër äim nüme ghöört.

Es faart em Walter Schmid** dur s Mark!
Deet won ër gsëëit hät, gits en Park.
Enttüüscht und truurig säit ër: «Lueg,
s isch nüme s glych. Es fëëlt de Pflueg,

es fëëled d Ross, es fëëled d Chüe,
s fëëlt s Tängelen em Morge früe.
Mich nimmt nu Wunder, wër das zalt!
Ich mërke scho, ich wiirden alt.

* Zur Yweiig vom nöie landwirtschaftliche Zäntrum
** Walter Schmid, ein markanter Werkführer im alten Strickhof

Ich ha mi lang vergäbe gweert.
Mir hät me vil zum Hëërz uuszeert.»

Mir weied hüt, es mues so sy,
en nöie Strickhoof fäschtlich y.

Vil Veterane glaubets chuum:
Er staat iez ime grüene Ruum
bi Dorf und Wise, Land und Holz
und wachst grad daa mit gsundem Stolz

als nöie Mittelpunkt im Fäld
zmitzt ie, in öisi püürlich Wält,
wo iez e nöii Zyt verficht
und sich vom Nöie vil verspricht.

Wër s Alti känt, hät echli Müe.
In tunkt ganz äifach Vieles z früe.
Doch händ di Alte, na als jung,
de glychig Wääg, de glychig Schwung

für sich beaasprucht, früe und spaat.
Mir gseend, wies öis doch alne gaat:
S läbt jede nu e gwüssi Zyt,
wo vorem, spööter hindrem lyt,

und mäint, genau esoo seigs rächt.
Doch *ales* Nöii isch nid schlächt.
Im Gägetäil, vil Nöis isch gfröit,
und was äim mängsmaal spööter röit,

isch, das me nid vil früener scho
de nöii Wääg hät füregnoo.

Esoo gsee isch e nöii Schuel
mit Schüür und Stall und Leererstuel

modërn und grooss und choschtlich pout,
es Zäntrum, wome druff vertrout,
wo sich um d Achs vom Pruefsstolz drëëit
und Sicherhäit und Achtig sëëit.

Mer händ en alte Baum uuszeert.
D Erfaarig hät is immer gleert,
das, wër versetzt wiirt, nu na chunt,
wänn sini Wuurzle starch und gsund

im nöie Bode, wo me n setzt,
mit groosser Soorgfalt, unverletzt
vom Alte hëër na Chraft chönd zie.
Suscht chunt en Baum im Nöie nie.

Nu wërs verstaat und s Alt umwiirbt,
hät d Gwüsshäit, das em s Nöi nid stiirbt.

Drum gämmer iez, was ali wänd,
de nöii Strickhoof öi i d Händ.

Iez sëëed Muet und Zueversicht
in öisi junge Puuregsicht!
Und pflanzed Fröid in öisen Stand,
dänn graatet viles uf em Land.

Wänn d Puure guet und tüchtig sind,
dänn sinds au rächt mit Frau und Chind.
So wachst zum nöie Strickhoof uus
en gsunde Gäischt is Puurehuus.

Späck für d Prominänz

De Spitzekandidaat isch gwelt,
wird im Kanton zun Höchschte zelt.
Me säit im Chaschber Escherhuus
ër chöm als Preesi würkli druus.

Si Schuelklass hät an Chueri tänkt
und im als Gruess es Söili gschänkt.
De Chueri gaat allpott in Stall
und misst das Söili überall.

«Das Tierli wigt erscht knapp vierzg Pfund,
ich glaub dë Spränzel isch nid gsund!
Näi, sones Söili bringts nid wyt,
das hät ja gaar käi Apetiit.»

Und s Söili tänkt für sich: «Ich wäiss,
wän i vil frisse, wird i fäiss,
dänn gits es Fäscht, und wies mi tunkt,
bin ich dänn deet de Mittelpunkt.

Me rüemt mis Fläisch und mini Wuurscht,
löscht mit vil Räbesaft de Tuurscht,
me wächslet gsprööchig mängs netts Woort
und fröit sich fescht – nu ich bi tood!»

Es läit sich truurig tuuch is Strau:
«Wän alls wott läbe, wott ichs au!»
De Schlaaff häts gly druff übernoo,
im Traum isch im en Ängel choo,

ër hilft em früntli i der Noot:
«Die schlönd di au als Spränzel ztood!
Friss nu, und fröi di chuurzi Zyt.
Ich wäiss, din Wääg isch halt nid wyt.»

«Friss nu din Fraass, und gnag am Holz,
und trääg di Zuekunft vole Stolz.
Du wiirsch zwaar gmetzget, das isch waar,
doch erscht im Hërbscht, isch dir das klaar?»

«Wër isst di dänn? De Presidänt
vom kantonale Parlamänt!
Er schetzt din Schinke, schetzt dis Fläisch,
wäns schöön durzogen isch, iez wäisch:

Du bisch für in e bsunders Gschänk!
Nu du eläi, wër hett das tänkt?»
Und s Söili frisst und fasset Muet.
De Chueri tätschlets: «Du tuesch guet!»

Bevor ër mues uf Züri ie,
luegt ër na gschwind zum Söili ie.
Und lauffed d Gschäft im Raat nid guet,
bringt in en Raatskoleeg i d Wuet,

hät s Diskutieren ekän Zwäck,
tänkt ër am Pult: «Mir wachst de Späck
dihäim im Strau ja preziis glych!
Wie isch doch sones Söili rych.

S hät uf sim Wääg nid sovil Stäi.
Es hät sin Taag für sich eläi!»
De Chueri gseet d Probleem scho rächt.
S sell niemer säge, s göng em schlächt.

Und sini Sou gedeit famoos,
si isch iez underdesse groos
und säit: «Ich wäiss iez, was i mues:
Ich schänken öi min letschte Gruess!»

De Chueri prichtet: «Chömed häi,
ich fröie mi nid gëërn eläi.
Mir händ is gëërn ghaa, d Sou und ich.
Wie isch doch s Läbe schöön und rych!»

Drum rutsched füre, gryffed zue
und gnüüssed öisi Sou i Rue!
All Söie ringled iri Schwänz:
«Mir sind de Späck für d Prominänz!»

Am Diechsel

S Bundespresidänt-sy graatet,
wänn im Rugge Landslüüt stönd,
wo äim hälfed, wo äim raated,
äim im Zwyfel nid verlönd.

Wanderet äin ooni Stütze
uf dem stäile lange Graat,
chunt er häi und cha nid nütze,
was er wett. Es isch käi Art,

äin eläi, mit guetem Wile
hëre z stele uf dë Wääg:
Mir müend hälfe. Jedes. Stile.
Und de Presidänt blybt zwääg.

D Schwyzer sind nid ring zum Länke.
Jede wäiss am beschte, wie
dass me sett de Chare ränke,
aber häichoo tëëtids nie.

Wänns nid e Verfassig hettid
und es Gsetz und s Parlamänt,
wüsst me nie ganz, was s na wettid.
Immer s ander! Sapermänt.

S isch nid liecht e Schwyz z regiere.
S Volch isch da. Und d Ständ. Und d Lüüt.
Scho de Jüngscht wott nid pariere:
Ooni Mure macht er nüüt.

Drum, Herr Presidänt – eläige
und nu im Vertroue gsäit:
S Gwicht vo some Völkerräige
hät na käin eläige träit.

Mängsmal isch de Schwyzer hässig,
macht e trüebs und truurigs Gsicht,
d Fröid und d Liebi – s tunkt äim gspässig –
teckt er zue mit syner Pflicht.

Hinder dëre ruuche Chruschte
schlaat e guets und häiters Hërz.
Laat er s mache, tuets en gluschte
nach de Fröid, em Gmüet, em Schërz.

Öises Land isch fascht en Gaarte,
sozial und optisch gsee,
doch de Schwyzer mag nid gwaarte,
wott vo alem immer mee.

S Schwyzerhuus staat stolz und bhäbig
a de Sune, ime Park –
aber läider gnaged schäbig
e paar Schädling a sym March.

Drum bruuchts Lüüt, wo bständig boued,
gäischtig, und au mit de Händ,
Mane, wo em Guete troued,
schaffed a sym Fundamänt.

Mane, wo imstand sind z gspüüre,
was em Volch am beschte tuet,
Mane, wo perad sind z stüüre –
d Richtig gëë. S bruucht Chraft und Muet!

Mir händ Fröid a dëre Sorte
Mane, us so gsundem Holz,
wo im Sinn händ, s Wertvollscht z horte.
Öisi Schwyz isch öisen Stolz!

Hebed Sorg zu Land und Sitte.
Hebed Sorg zu de Natuur.
Hälfed s Gueti zämekitte.
Hebed Sorg zu Wald und Fluur.

Wänn jedes a sym Platz hilft trääge
oder schüürgen oder zie,
bringed mer uf graade Wääge
öisers Fueder trochen ie!

Und als Uusdruck vo dëm Wile
und vo öisre gute Taat,
schänked mir bewusst und stile
em Presidänt e wëërschafts Raad

vome starche Schwyzerwage,
wo sich gwönt isch, träit und stützt,
und mit zëëche, gsunde Nabe
öisem Fuerme öppis nützt.

Jede Stand vo öis: en Späiche.
Jedes Felgestuck: e Brugg.
Und als sichtbaars üssers Zäiche
laat en starche Röiff nid lugg.

Und am Diechsel staat d Regierig
und bestimmt de Wääg vom Raad,
understützt dur Gsetz und Füegig.
Hoffed mer, er blybi graad!

Herr Presidänt vo öisem Land,
mir wöisched Ine mitenand
e gueti und e starchi Hand,
und s Bescht wo s git: E zfrides Land!

Vergraate?

Wält, bisch truurig?
Machsch e sonen Lätsch,
wien en nid ganz graatnen
Eiertätsch.

Gäll hettsch gëërn
chli öppis Schööners wele.
Hettsch vilicht
gar öppis Bessers sele?

Chumm, mir gönd durhäi.
Mich tunkts uf äimaal chalt.
Mir sind ganz eläi
und müed. Und wëërded alt.

Rauch und Mord. Ich wäiss.
Und Sex. Und lëëri Chile.
Mir zwäi gönd iez häi.
Deet isch es (vilicht) stile.

Und wër wäiss, wäns wott,
findsch deet en Grund
zum di gwëërme draa,
versteckt und gsund.

Öppis Gfröits und Schööns
hät jedes Läbe ggune!
Chumm, mir hälfed em,
es wett gëërn *iez* a d Sune!

Viles wachst ganz stilen
undrem Tisch:
Gäll, mer fröied is
a dëm wo graaten isch!

Öises Läbe

Öises Läbe
chunt mir mängsmaal vor
grad wien es Ei.

En Witz? Nänäi:

Une rund,
dänn bräit und tick
und obedruff
en Spitz.

Käine chlopfet draa,
us Angscht, er chönt verschrecke
und a der hööchschte Stell
en hoole Toon entdecke.

Zweiter Teil

Der moderne Bauer
(Ironische Schnitzelbank)

Die alten Zeiten sind vorüber.
Die gute Ruhe ist vorbei,
gar manches Jahr ist schon darüber,
geblieben ist die Hetzerei.

Die Hetzerei in den Fabriken,
die Hetzereien auf dem Land,
die Hetzerei nach Augenblicken,
sie bringt uns bald um den Verstand.

Frühmorgens geht der Teufel los
mit Wecker, Melkmaschine, Ross.
Der ganze Tag wird durchgehaudert,
kein Augenblick mehr wird verplaudert.

Ein Heidenlärm an jedem Ort,
kaum man versteht sein eigen Wort.
Es wird gekrampft und wird gerattert,
es wird gestampft und wird geknattert,
am Abend weiss der arme Tropf,
kaum noch wohin mit seinem Kopf!

Das Schuften hat ihn so benommen
und jede Freud ihm weggenommen,
er will beim Dunkeln nichts mehr wissen,
kein Feierabend mehr geniessen,
denn was er braucht, weiss jede Kuh:
nur endlich einmal etwas Ruh!

Auch da muss er indess pressieren
und darf ja keine Zeit verlieren.
Ins Bett, ins Bett, im Nuu, im Nuu,
die Augen zu, dann hast du Ruh!

Die Mutter wacht,
weil Vater schnarcht.
Sie gibt ihm sachte einen Stupf,
dann stöhnt er heiser: pfupf, pfupf, pfupf:
Er träumt im Bett, der arme Mann,
von Bührer, Fordson, Hürlimann,

von Bucher, Meili, Oekonom,
von Fendt und Vevey, Ferguson,
von seinem alten Fritz, dem Chlepper,
von Dieselross und Ackerschlepper,
Zapfwelle, fahr- und gangabhängig,
vom Anbaupflug, auch bergwärtsgängig,
von Wühlmaus, Samro, Schüttelroder,
vom Kuxman und vom Vorratsgraber,
von Heuma-, Sternrad-, Handschlepprechen,
von Gabelstieln, die nicht mehr brechen,
Triebachsanhänger, Zettmaschine,
Fliegenfänger, Limousine,
von Vakuum und von Kreuzgelenken:
Es gibt beim Bauern viel zu denken.

Drahtwürmer, Engerlinge, Flecken,
Ratten, Mäuse, Kellerschnecken,
Hausbock, Blattlaus, Pflaumenwickler,
Pflanzenspritze, Staubentwickler,
Rote Spinne, Tausendfüssler,
Rapsglanzkäfer, Stengelrüssler.
Das Schädlingsmorden ist ein Graus –
und doch gehört's zum Bauernhaus.

Silberchüngel, Dessertschnecken,
Kurzschwanzlangohrschweizerschecken,
Simmentaler, Edelschweine,
Hochzuchtstier und Säbelbeine.
Mit Horngestell und Kuhschwanzhalter
und dem Genossenschaftsverwalter
bringt's jede Kuh ins hohe Alter.
Drum steigt so mächtig, Tag für Tag,
der Kuhgesamtmilchrohertrag.
Fettprozente, Reduktase,
Passvite, Mixer, Blumenvase,
Qualitätsmilch, Abganggase,
der Züchter kennt sich kaum noch aus:
s'braucht Theorie im Bauernhaus.

Fruchtfolge und Anbauplan,
Bescheidenheit und Grössenwahn,
zarte Töchter, teure Söhne,
wenig Leute, hohe Löhne,

schönes Obst für jeden Schlucker,
Silosalz und Silozucker,
Heugebläse, Zangenzug,
Anbauprämie, Schmutzabzug,
Schnellvergaser, Einspritzdüse,
biologisches Gemüse,
Contra-Schmerz und Cibazol,
Aspirin und Lebewohl,
Hexaterre und Gesarex,
Silobit und Pavatex,
Amasil und A. J. V. (Säure)
muss er kennen ganz genau,
sonst kommt er, samt seiner Frau
nie in den Gnuss der AHV!

Das ist wahrhaft kein ruhig schlafen.
Hat wohl Gott den Mensch erschaffen?
Oder stammt er doch vom Affen?

Landkultur und Arbeitstechnik,
Kostenvoranschlagberechnig,
Radar, Fernsehn und Atom,
Fiebermesser, Grammophon,
Pickuphaspel, Ladewagen,
Tiefkühlbohnen, Schwartenmagen
Maisgebiss und Stacheldraht,
Taugenichts, Gemeinderat,
Mondraketen, Satelliten,
Kindervelos, Pferdeschlitten,
Bindemäher, Nylonbluse,
moderne Kunst und leichte Muse,
Jassen, Singen und Gymnastik,
Geistesschulung, Beinelastik,
Tag der Rüben, Tag der Jungen,
Delegiertensitz in Pfungen,
Vorstandssitzung in Rutschwil,
Haupttraktandum: Reiseziel.
Alles muss besprochen werden,
ein Paradies gibt's nicht auf Erden.

Kaum hört er seinen Wecker schellen,
muss er schon Dieselöl bestellen,
denn nur mit Moscht und Schwerpetrol
ist's dem modernen Bauern wohl!

Die Frau vergisst er fast, bigoscht,
die läuft ja schliesslich ohne Moscht.

Auf einmal hört er Güggelkrähn.
Jetzt muss er hurtig Futter mähn,
er nimmt gschwind Schlüssel und Kanister,
den Zmorgen isst er nicht, den frisst er,
die Hühner fliehen mit Geschnatter,
der Vater sucht den Futtergatter,
dann springt er auf den Schleppersitz.

Wo ist das Rösli, wo der Fritz?
Springt auf und haltet Euch recht fest!
Ihr seid jetzt da, und nicht im Nest.
Seht Ihr denn nicht den Tag schon hellen?
Drum lass ich jetzt die Kupplung schnellen!

Wenn alles raucht und stiebt und knattert,
wenn alles lärmt und flucht und rattert,
wenn Reifen pfeifen, Wasser spritzen,
Bremsen kreischen, Funken blitzen,
der Kühler pustet,
der Vater hustet,
die Kupplung stinkt,
die Mutter hinkt,
die Frau ihm winkt,
der Säugling trinkt,

dann ruft der Bauer mit Gestöhn:
Jetzt ist es schön!

Die Konkurrenz

Des jungen Mädchens Freude gilt
der Wanderlust durch Wald und Wind.
Ihr kleiner Pudel springt und bellt:
Sie freuen sich auf dieser Welt!
Ein junger Mann studiert und sinnt,
wie *er* des Mädchens Gunst gewinnt.

«Ich bin ein Mensch. Doch was müsst ich wohl sein,
um bei dem Waldspaziergang mit dabei zu sein?
Ein – kleiner Hund, mit schwarzem Lockenkopf,
er packt das Glück bewusst und keck am Schopf
und trippelt fröhlich wedelnd hinterdrein.
Welch eine Freude, solch ein Hund zu sein!»

Des Hundes Glück währt kurze Zeit:
Der Mann spaziert jetzt mit der Maid!
Des Hundes Freude war so echt –
er fühlt, die Welt ist ungerecht.
Der kleine Hund, verschupft, betrogen,
wird an der Leine nachgezogen.

«Ich bin ein Hund, doch möcht ich's nicht mehr sein,
um bei dem Waldspaziergang nicht dabei zu sein.
Ich schäme mich. Mein Herz ist tief bewegt:
Ein junger Mann hat mich vom Platz gefegt!
Ich tripple traurig schwankend hintendrein
und möcht um alles in der Welt – kein Hund mehr sein!»

So ist es jetzt. So wird es immer bleiben.
Ein jeder hat in *seiner* Haut zu bleiben.
Und jeder sieht das Glück nur stets beim Andern
und möchte gern ein Stück mit ihm alleine wandern.

Die kleinen Störefriede

Alles Neue ist kein Segen.
Vieles kommt uns ungelegen.
Wer die Fliegerei entdeckt,
baut sich ein Modellinsekt

mit den fernen Steuerungen,
packt dann diese Neuerungen
selbstbewusst aufs Autodach,
fährt aufs Land – und macht dort Krach.

Lästig wirkt das Laufenlassen
der modernen Untertassen
auf den Mann, der pflanzt und hegt
und am Sonntag Ruhe pflegt.

Lieblich tönt wohl das Motörchen
in des Bastlers eignem Öhrchen,
der am Sonntag, hell entzückt,
ganze Gegenden beglückt.

Warum will er dieses Brummen,
dieses herzerfrischend Summen
wohl nicht über *seinem* Dach?
Hört er es dort auch als Krach?

Die alten Bäume*

Ein alter Baum bleibt immer doch ein Baum.
Mit Stamm und Wurzel fest in seinem Raum.
Er spendet uns, wie er das früher tat,
auf unsern Wunsch noch manchen guten Rat.

Und wenn er nicht mehr neue Wurzeln schlägt,
und wenn er keine neuen Früchte trägt,
so weiss man doch, dass er sie einmal trug,
bevor man ihn nach seiner Ernte frug.

So reift bisweilen manche späte Frucht,
wenn man den alten Baum schon nicht mehr sucht.
Dann denken wir, zu unser aller Glück,
bewusst und gern an unsern Baum zurück.

* Veteranen

In der Strafanstalt

Da sitzen sie nun.
Hinter Gitter gesperrt.
Stumpf brütend
oder gesichterverzerrt.

Und grübeln seit Jahren.
Zum Teil ohne Sinn.
Für jeden Verlust.
Für keinen Gewinn.

Man möchte das ändern.
Doch weiss man nicht wie.
Denn das, was sie taten,
das taten doch sie.

Sie lebten. Und übten
Gesetzlosigkeit.
Verbreiteten Schrecken
und Trübsal und Leid.

Da sitzen sie nun.
Hinter Gitter gesperrt.
Verklemmt und gebrochen.
Verstellt und verzerrt.

Und doch: Es sind Menschen.
Wie ich und Sie.
Vom Herrgott erschaffen.
Über dem Vieh.

Und werden sie frei
und haben kein Glück,
einen Mitmensch zu finden?
Sie kehren zurück.

Und sitzen wieder
hinter Gitter gesperrt.
Vor den Menschen geschützt.
Verbittert, verzerrt.

Und finden den Weg nicht
aus diesem Kreis.
Manöverieren
auf ihrem Stumpengeleis.

Bewusst begleitet.
Soweit möglich gestützt,
in der Hoffnung, dass Hilfe
dem Einzelnen nützt.

Allein in der Zelle –
drei Schritte im Licht.
Der Sonne entronnen.
Durch Jahre – ein Strich.

Was hat sie verdorben?
Wer hat sie geknickt?
Sie stahlen und mordeten
verwegen, geschickt.

Und sitzen jetzt
hinter Gitter gesperrt,
allein und verschlossen,
gesichterverzerrt,

seit Jahren grübelnd
nach Tiefe und Sinn.
Für alle Verlust.
Für niemand Gewinn.

Manchmal

Manchmal schielt man halt nach oben,
nach dem Bienli in der Luft,
und die Zukunft ist verschoben:
statt der Zuversicht – die Kluft.

Senkt man seinen Blick dann wieder
wissentlich geradeaus,
sind auch die vertrauten Lieder
und die Zuversicht im Haus.

Und die Arbeit, frei von Sorgen,
prägt ein heiteres Gesicht,
und die Freude jeden Morgen
hilft bewusst der Zuversicht.

So gesehen ist das Leben
halt ein wenig flatterhaft,
ghögerig, und gar nicht eben,
wer's begriffen hat, der schafft,

und wer schafft, kommt wieder obsi,
in die Höhe, aus dem Tief,
nur dem eingefleischten Grochsi
läuft im Leben alles schief.

Wetterphilosophie

Ein Wetterfröschlein fragt sich just:
«Was hock ich auf der Leiter?
Ich sterbe bald. Die Lebenslust
ist aus. Es wird nicht heiter!»

Der Wetterfrosch sitzt trüb und trist
in eine feuchte Ecke.
Er, der ein solch Versager ist,
beneidet jetzt die Schnecke,

die frohgemut des Weges zieht
auf nassem Unterleibe.
«Hilf mir, oh Gott, wenn Du das siehst,
dass ich kein Frosch mehr bleibe!»

Als tagsdarauf die Schneck' im Fluss
der Sonnenstrahlen wettert,
zieht er Bilanz und kommt zum Schluss:
«Wie schön ist's, wenn man klettert

hinauf zum Licht, das bald erlosch,
voll Zuversicht und Liebe.
Ich wünsch, oh Gott, dass ich, der Frosch,
das, was ich bin, auch bliebe.»

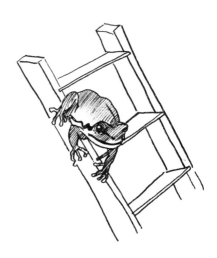

Kopf und Herz

Gestern kam zu mir ein Mann,
der alles weiss und alles kann.
Doch mir war es nicht recht wohl.
Ist des Mannes Herz nicht hohl?

Ist ein Mensch von solcher Art
innerlich nicht kalt und hart?
Schenkt er mir in meiner Not
auch ein Stück von seinem Brot?

Ist dem Mann, der nichts als denkt,
auch ein edler Sinn geschenkt?
Ist ein Mensch mit solchem Glanz
wirklich liebenswert und ganz

gut geraten und perfekt?
Ehrlich, mich hat er erschreckt!
Ich bin da, in diesem Fall,
abgerutscht vom Ideal,

doch ich fühle ganz am Rand
eine gute, warme Hand,
die mich aus dem Träumen reisst
und mich hier willkommen heisst.

Spürt der Mann mit dem Verstand
auch etwas von dieser Hand?

Das Weinlanddorf

Auch unser Dorf liegt an der Thur,
umsäumt von Wald und Feld und Flur.
Die Riegelbauten, schmuck und breit,
sie grüssen freundlich, hell und weit

die Nachbardörfer um uns her.
Doch ja, wenn unser Dorf nicht wär'!
Das Weinland wirkte fad und spröd,
der Kanton Zürich kahl und öd!

Wir schöpfen viel gesunde Kraft
aus unserer Genossenschaft
und werken gern, und manche Stund:
Drum ist das Weinland so gesund.

Der Schöpfer wusste, was er tat,
als er auf einen Hügel trat
und sprach: «Ich wünsche mir am Ziel,
hier noch das Dörfchen Oberwil!»

Auch wenn uns unser Dorf gefällt:
Uns intressiert die weite Welt,
denn kaum ein Mensch lebt gern allein
mit Arbeit, Pflicht und Brot und Wein.

Er braucht nebst seinem eignen Stand
auch ein gefreutes Vaterland
und pflegt auf Gegenseitigkeit,
gern eine nette Gastlichkeit.

Wir grüssen alle überall
und wünschen Euch in Haus und Stall,
in Hof und Stube Zuversicht
und Mut und Kraft für Eure Pflicht.

Ich, die Geiss

Ich sag's Euch mit Gemecker:
Ich bin halt eine Geiss!
Ich werde immer kecker,
seitdem ich alles weiss,

was hinter den Kulissen
sich alles gern versteckt,
verlogen und gerissen,
sorgfältig zugedeckt.

Ich meckere erheitert,
ob mager oder feiss,
das Meckern, welches scheitert,
ist *nicht* von einer Geiss.

Es meckert schon der Säugling,
es meckert noch der Mann,
es meckert mancher Feigling,
auch wenn er sonst nichts kann.

Ich sag es Dir, oh Menschlein:
Du meckerst wirklich schlecht.
Das Meckern muss gelernt sein,
nur so wirkt Meckern echt.

Drum lasst mir mein Gekicher,
sonst sterb' ich, diese Stund.
Mein Meckern, das ist sicher,
ist wirklich kerngesund.

Kuhkopfgedanken

Ich weiss es schon, mein Menschenskind,
ich bin nur eine Kuh,
nicht so gescheit, wie Menschen sind –
doch hab' ich meine Ruh!

Ich weiss, wie ihr die Sprachen pflegt,
ich habe nur mein «muh»,
ich weiss, wie ihr zusammen lebt,
drum bleib' ich eine Kuh.

Ich schenke euch den weissen Saft
recht gern, als Gruss vom Land.
Er gebe euch viel neue Kraft,
Gesundheit und Verstand.

Das sagt euch allen eine Kuh.
Beherzigt meinen Tip.
Ich drücke gern ein Auge zu:
Trinkt Milch! Und bleibet fit.

Ein Tier bleibt so, wie Tiere sind.
Ich freue mich nur halb,
denn manch ein Mensch bleibt ‹dank› dem Grind,
sein Leben lang ein Kalb.

Ich wiederhole es, mein Kind:
Ich bin nur eine Kuh,
voll Zuversicht, wie Kühe sind,
ich freue mich! Und du?

Gedanken zur Schweizer Nationalhymne

Die Hymne steht nicht in der Gunst
des Volkes. Und die Kunst,
von Grund auf Neues zu gebären,
als ob wir Patrioten wären,
ist offenbar im Schweizerland
– trotz gutem Willen – nicht zur Hand.

Oh doch: Die Sänger und Vereine,
sie singen noch im Fackelscheine.
Doch mager. Nicht aus voller Brust.
Es fehlt die Inbrunst, fehlt die Lust.
Kaum Einer kann noch herzhaft danken.
Man wiegt das Vaterland in Franken.

Und wirft viel Gutes in die Gruft,
zerreisst das Land durch eine Kluft.
Wir spüren: Eine Neugewinnung
beruht auf einer *Neubesinnung*
des ganzen Volkes im Quadrat:
Das Vaterland ist nicht nur Staat!

Es ist das Land, in dem wir leben.
Seit Generationen. Geben
wir ihm doch Inhalt und Gewicht,
durch neues Wirken ein Gesicht.
Jetzt dichtet, komponiert lebendig,
nur Wenige sind sachverständig.

Jetzt findet Euch in Reih und Glied
und schafft ein neues, frohes Lied!
Kehrt dann der Schweizer ausnahmsweise
zurück von seiner Auslandreise,
gibt er uns feierlich die Hand:
«Ihr habt ein schönes Vaterland.»

Landeshymne
(Entwurf eines biederen Eidgenossen)

Vaterland, mit all dem Reiz
deiner Berge, Seen und Fluren,
aufgebaut als unsre Schweiz
auf der Ahnen frühen Spuren,
dich will ich, mit Volk und Stand,
lieben als mein Heimatland.

Ordnung, Pflicht und Offenheit
sei auf unser Schild geschrieben,
Kraft und Mut zur Menschlichkeit,
Recht auf Freiheit, Recht auf Frieden,
Freundschaft sei das starke Band
zwischen uns und jedem Land.

Zu des Volkes Wohl und Nutz
wollen wir die Zukunft bauen,
dankbar, unter Gottes Schutz,
auf dem Fundament Vertrauen.
Stärke uns in Freud und Schmerz,
schenke uns ein fröhlich Herz.

Begegnung

Wenn ich wüsste,
ob ich dürfte,
ob ich sollte
oder müsste,
ob Sie kämen,
wenn ich's täte,
Sie sich freuten,
wenn ich's würde,
Sie sich lösten
von der Bürde
und uns sähen,
wie wir mähen,
wie wir pflügen,
wie wir säen,
wie wir hegen,
wie wir pflegen,
wie wir danken
für den Segen,

ja, dann würde
ich's jetzt wagen,
Ihnen, Ihrer Frau
zu sagen:
«Unser Haus
steht Ihnen offen!
Dank dem Fleiss
und dank dem Hoffen,
das Sie uns
jetzt wieder schenkten,
als wir bald
die Hüte schwenkten.
Wir sind fertig
mit dem Heuen.
Ihr Besuch,
er würd' uns freuen!»

So gesagt
darf's sicher sein.
Ein Gespräch,
ein Tropfen Wein
und ein Stücklein
Bauernbrot,
das sind Stützen
in der Not.

So, jetzt liegt
der Fall bei Ihnen,
unsre Chronik
zu bedienen
mit dem Satze:
«In der Tat,
heute kam
ein Bundesrat!»

Ist's nicht möglich,
war es köstlich,
diese Verse
zu erdichten,
und wir werden
trotzdem höflich
unser Tagewerk
verrichten.

Gut und stark
sei unser Stand!
Wir danken Ihnen,
wir vom Land.

Inhalt

Vorwort 5
Zum Geleit 8

Erster Teil

Grüezi 11
Öisen Wääg 12
Züritüütsch 13
S rägnet 14
Singed! 15
Öisen Brune 16
Umwältschutz 18
Gaschtfründschaft 19
S Gwicht 20
Tänk a d Mueter 21
D Chile 24
Der Acker läbt 25
Fröid 26
Kamerade 27
D Hobbygäärtner 28
Nöijaar 29

E nöis Chalb   30
Ich bin es Huen   31
Mir Hüener   32
Männerryge   34
Sumerzyt   35
Fröid a de Chind   36
Mir baded   37
Füfzg Jaar Traktoritis   38
Hock öppe still   41
Füegig   42
Dys Schuelhuus   43
D Familie Wyland   44
Öisi Wylandschuel   46
Grundstäilegig am Strickhoof   48
Em nöie Strickhoof   49
Späck für d Prominänz   53
Am Diechsel   55
Vergraate?   58
Öises Läbe   59

Zweiter Teil

Der moderne Bauer   63
Die Konkurrenz   68
Die kleinen Störefriede   69
Die alten Bäume   70
In der Strafanstalt   71
Manchmal   73
Wetterphilosophie   74
Kopf und Herz   75
Das Weinlanddorf   76
Ich, die Geiss   77
Kuhkopfgedanken   78
Gedanken zur Schweizer Nationalhymne   80
Landeshymne   81
Begegnung   82